CONOCERME ES AMARME

PASOS PARA ALENTAR A LOS DEMÁS, EMPEZANDO POR UNO MISMO

Lynn Lott
Marilyn Matulich Kentz
Dru West

Manual oficial de la formación certificada

CONOCERME ES AMARME

PASOS PARA ALENTAR A LOS DEMÁS, EMPEZANDO POR UNO MISMO

Encouragement Consultant Training de Lynn Lott

Dedicado a nuestras madres y padres
que nos enseñaron lo que es tener coraje.

.

La palabra ENCOURAGEMENT no es fácil de traducir al español. Existen varias palabras afines como Aliento, Ánimo, e incluso Motivación. La palabra Encouragement en inglés al igual que en francés quiere decir "Que sale del corazón". Además está formada por courage, esa valentía, ese coraje interno. El Encouragement por tanto debe partir siempre de adentro, de lo más íntimo, del corazón. Por eso no hemos utilizado la palabra motivación, puesto que esta puede ser tanto interna como externa. Así "Animar" que viene de ánima (alma) podría ser una buena opción. Aun así y siguiendo los principios que se utilizan en esta obra, hemos decidido usar la palabra Aliento,que es ese soplo de vida, que a veces nos hace seguir adelante aún en las peores circunstancias. Del mismo modo y unido al significado en inglés se ha usado la palabra coraje, en traducción a courage, que el diccionario de la Real Academia de la Lengua Española define como la "impetuosa

Título original: *To Know Me is to Love Me: Steps for Encouraging Yourself and Others*
© Lynn Lott Encouragement Consulting

Traducción: Fabiola Narváez

Copyright © 2015-2020. Lynn Lott, Marilyn Kentz y Dru West. Todos los derechos reservados.

ISBN 978-1-7349095-0-0 (papel)

ISBN 978-1-7349095-1-7 (ebook)

Lynn Lott Encouragement Consulting

www.lynnlottec.com

CONOCERME ES AMARME

PASOS PARA ALENTAR A LOS DEMÁS, EMPEZANDO POR UNO MISMO

decisión y esfuerzo del ánimo, valor".

PRÓLOGO

Jennifer recuerda una ocasión en que su madre estaba demasiado ocupada para pasar tiempo con ella. Se preguntaba si era importante para su madre. A la sabia edad de cuatro años, respondió a esta pregunta con "No, yo no soy importante". Aun cuando no era consciente de su decisión, Jennifer procedió el resto de su vida intentando demostrar que era importante ya que ella ya había decidido que no lo era y no era capaz de aceptar ninguna evidencia que demostrara lo contrario. Sin embargo, estaba dispuesta a aceptar pruebas que apoyaban su decisión previa de que no era importante.

Tal y como lo explico a mis propios clientes cuando uso una actividad llamada "Trivia Question Therapy"[1] el entender las preguntas que se nos han ido presentado a lo largo de nuestra propia infancia y las respuestas que fuimos dando a las mismas, nos puede ayudar a comprendernos. Es interesante el hecho de que incluso sin ser realmente conscientes de las preguntas o de las respuestas, usualmente basamos nuestras vidas en estas respuestas.

Cuando Jennifer revivió en su mente el recuerdo que la llevó a la creencia de que no era importante, ella utilizó su "varita mágica" para recrear un desenlace diferente y una nueva creencia. Ahora sabe que cada vez que siente ese vacío en el estómago está reaccionando ante la vieja creencia. Esta es su señal para convocar a sus nuevas creencias y habilidades, que son mucho más apropiadas en su presente.

Conocerme es Amarme incluye muchos ejercicios y procesos que nos ayudan a ser conscientes de algunas de las creencias que adoptamos en la niñez—creencias que nos alejan de nuestra autoestima natural, y nos crean problemas que obstaculizan la alegría de la vida. Una vez que nos damos cuenta de cómo y por qué formamos estas creencias, podemos recrear nuevas creencias y desarrollar habilidades que serán más útiles y nos harán volver a nuestro estado natural de autoestima.

Este libro puede ser muy útil para las personas que están dispuestas a tomarse el tiempo necesario para hacer cuidadosamente los ejercicios propuestos. Puede servir como una especie de auto-terapia o puede ser utilizado en combinación con una terapia más formal.

Los ejercicios y procesos descritos en este libro han sido utilizados por muchos terapeutas, grupos y profesores que han descubierto que son herramientas eficaces y emocionantes que vale la pena usarlas con sus pacientes y estudiantes para ayudarles a incrementar su autoconsciencia y desarrollar habilidades útiles.

Este es un libro de trabajo para aquellos que disfrutan el emocionante proceso que implica el crecimiento personal. Yo personalmente he realizado todos los ejercicios de este libro y los he encontrado útiles e iluminadores. Algunos de ellos los he realizado más de una vez para obtener un conocimiento más profundo en cada ocasión.

Les recomiendo especialmente *Conocerme es Amarme* como una importante inversión en su persona. Dense el tiempo suficiente para hacer los ejercicios y procesos—por su propia cuenta, en grupo, con un terapeuta o en clase. Disfruta el proceso de tu propio crecimiento personal.

---

[1]Terapia de juego de trivia

Jane Nelsen

CONOCERME ES AMARME

PASOS PARA ALENTAR A LOS DEMÁS, EMPEZANDO POR UNO MISMO

TABLA DE CONTENIDO

CONOCERME ES AMARME

PASOS PARA ALENTAR A LOS DEMÁS, EMPEZANDO POR UNO MISMO

INTRODUCCIÓN

LA BÚSQUEDA
DE LA AUTOESTIMA

Los ingredientes clave en el viaje para convertirse en un Encouragement Consultant (Consultor o Consultora de Aliento) son:

 El Coraje de ser imperfect.

El Coraje para aceptarse tal y como eres.

 El Coraje para tomar riesgos y para intentar nuevos comportamientos.

El Coraje para soltar y dejar ir.

Cualquier cosa que valida, acepta y reconoce quien eres tú en un momento dado - sin juicios de valor, sin comparaciones, sin pensamientos de "debería" y "tengo qué" - ayuda a mejorar la autoestima.

Las actividades de este libro te ayudarán como persona en el proceso de:

 **A**utoconocimiento Cómo descubrir misma en este quién eres y cómo te ves a ti instante.

 **A**ceptación Cómo aceptarte a ti de valor, las críticas, pensamientos de misma al dejar ir los juicios las comparaciones, y los "debería" y "tengo que".

Acción Cómo tener el coraje para el mundo real, opciones y aprendiendo de ponerte manos a la obra en planteándote nuevas tus errores.3

Pregunta: ¿De dónde viene el aliento?

Respuesta: El aliento proviene de las decisiones que tomaste respecto a lo que viste suceder a tu alrededor y lo que te sucedió a ti misma. De hecho, comenzaste a tomar estas decisiones mucho antes de que aprendieras a hablar.

Pregunta: ¿Dónde estaba yo cuando esto sucedió?

Respuesta: Probablemente con tu familia.

Pregunta: ¿Cómo pueden desalentarme mis propias decisiones sobre mí misma?

Respuesta: Cuando cometiste el error de pensar que eras lo **"suficientemente buena"** solamente si o cuando te comportabas de cierta manera para agradar a los demás y que te quisieran. O cuando tomaste la decisión de que no eras lo "suficientemente buena," así que ¿para qué molestarse? Esto comenzó cuando empezaste a compararte con los demás—con tus padres, hermanos o hermanas, primos o primas, o con otras personas en el vecindario—y creíste que ellos y ellas eran mejores que tú—más fuertes, más inteligentes, más valientes y talentosas o con más coraje. También comenzó cuando empezaste a pensar que, cada vez que los demás se enojaban o cuando surgían problemas, era culpa tuya; o cuando creíste que las cosas negativas que alguien decía sobre ti eran verdad.

Desaliento

es la falta de coraje.

El miedo de tener que cuidarse siempre,

hacer ciertas cosas o ser de una determinada manera

para que los demás te puedan amar.

Desaliento

es darse por vencido, decidir que ya has perdido

el amor o el respeto

y que no existe manera de tenerlos de vuelta.

Necesitas recuperar tu coraje.

¡Con coraje, una persona es capaz de lograr lo que sea!

Lo que cuenta son

el esfuerzo y la acción,

el intentar y el hacer.

Quien no arriesga, no gana.

El miedo a cometer errores te paraliza.

Sin embargo, el coraje te mueve,

te permite aceptar que los errores

son parte de ser una persona humana.

Lo importante no es el error,

sino lo que aprendes del mismo y lo que haces después.

Eso es lo que cuenta.

¿Acaso existen límites para lo que una persona puede hacer?

No, si lo que la persona hace es respetuoso tanto para ella como para los demás.

Recuerda…Cualquier cosa que valida, acepta y reconoce quien tú eres, en cualquier momento dado - sin juicios de valor, ni comparaciones, ni pensamientos de "debería" o "tengo qué" - es aliento.

Cuando te sientes alentada, es más fácil tener el coraje para salir y probar nuevas formas de comportarse y de crear nuevas opciones en el mundo real.

Además de la autoconsciencia y la aceptación, necesitas la acción. A esto le llamamos "hacer tu tarea," "ponerte manos a la obra" en el mundo real. Por lo tanto, todas las actividades en este manual están diseñadas para ayudarte a cumplir con este gran objetivo.

¿Quién tiene coraje?

Cada persona,

entre más se conozca y se acepte por ser quien realmente es,

mayor será su coraje.

¿Estás listo?

Cada actividad en este libro está preparada de manera que, al final de cada sección, tendrás una hoja de Trabajo Reflexivo sobre la Autoestima, que te mostrará:

Cómo te ves a ti mismo en este preciso momento. Esta declaración recapitulativa comienza con las palabras: **Soy una persona que...**

Cómo puedes deshacerte de hacer juicios de valor y aceptarte tal cual en este preciso momento. Esta declaración recapitulativa comienza con las palabras: **Sin juzgarme...**

Cómo puedes utilizar esa autoaceptación para infundir el coraje suficiente para ponerte manos a la obra en el mundo real. Esta declaración recapitulativa comienza con las palabras: **Con el coraje suficiente para ponerme manos a la obra en el mundo real, un pequeño paso que puedo dar es...**

La mayoría de personas, la mayoría de las veces, hizo lo que era necesario para cubrir las necesidades de las situaciones en que se encontraban; pero a veces se sintieron inseguras, asustadas o preocupadas de que las cosas no salieran bien o de que ya no serían amadas por los demás. Por lo tanto, perdieron su coraje, porque comenzaron a creer que no eran lo suficientemente buenas tal cual eran. Su autoestima se vio amenazada, y se sintieron inadecuadas, avergonzadas y culpables, y pensaron que no lograrían estar a la altura.

Cuando eras pequeña cometiste otro error.

No te diste cuenta que eras lo suficientemente buena tal como eras.

No sabías que no tenías que hacer nada especial para ser amada.

1. Cuando naciste eras lo suficientemente buena tal cual eras.

Soy suficientemente bueno

2. Pero, en algún momento pensaste que no eras lo suficientemente buena, por lo que creíste que eras menos.

Soy menos

3. Cuando esto sucedió, sin siquiera pensar, empezaste a querer sobrecompensar por ese sentimiento de inferioridad. Es decir, intentaste hacer algo que creías que demostraría que realmente estabas bien, algo para conseguir amor. Tu pensamiento era en blanco y negro, debido a que en ese momento eras simplemente una niña pequeña. Y, aun así, decidiste cosas   como:

4. Todo este esfuerzo tratando de demostrar tu valía, te alejó más de ese YO que eras.

Debo ser más

5. A medida que aprendes a alentarte a ti misma, encontrarás maneras de regresar a la "**X**", el lugar donde sabes que eres ¡lo suficientemente buena tal cual eres!

CAPÍTULO 1·

EL INICIO DE
LA AUTOESTIMA

Para averiguar cómo te viste a ti mismo por primera vez, veamos algunas de las decisiones que tomaste sobre ti mismo cuando eras apenas un niño.

De pequeño vivías dentro de una familia. Muy a menudo creías que las cosas eran sólo en blanco o negro. Quizá veías a tu familia como un pastel, que tenía sólo cierto número de trozos. Es posible que hayas pensado que si alguien ya tomó un trozo de pastel, era imposible que tomases el mismo y debías tomar un trozo diferente.

Tomaste decisiones acerca de quién tú eras al compararte con tus hermanos y hermanas. Si fuiste hijo único, seguramente te comparaste con tus padres, primos u otros niños del vecindario. Las conclusiones a las que llegaste acerca de ti cuando eras niño, se quedaron contigo toda la vida.

En el siguiente ejercicio del pastel familiar podrás descubrir las decisiones que tomaste sobre quién tú pensabas ser.

Actividad:

1. Dibuja una fracción de pastel por cada niño que había en tu familia, incluyéndote a ti mismo. Escribe los nombres de todos los niños en cada una de las secciones. Dibuja una estrella a lado de tu propio nombre. Escribe la diferencia de edad de cada niño con respecto a la tuya, usando signos de más o menos y el número de años de diferencia. Incluye también los nombres de los hijos fallecidos. Si fuiste parte de más de una familia, por ejemplo en el caso de familias reconstituidas, escribe los nombres de los niños que consideras tu familia.

2. Escribe dos o tres palabras que describan a cada persona cuando eran niños, incluyéndote a ti mismo.

3. Date cuenta cómo decidiste que cada persona descrita en el pastel era diferente y especial.

4. Date cuenta lo que decidiste acerca de ti mismo.
5. ¿Aún hoy te sigues sintiendo parecido?

6. ¿Cómo afecta esta decisión en tu vida?

Los trozos del pastel familiar muestran cómo las personas en nuestra propia familia aprendieron a sobre compensar o al menos como tú piensas que puedes sobre compensar. Como un niño en desarrollo, tú tenías que solucionar las cosas, organizarlas y darles sentido de alguna manera.

Eras muy buen observador pero las conclusiones que tomabas respecto a lo que veías no eran tan buenas, así que sobre compensabas.

Cuando ves el pastel ahora, a través de tus ojos de adulto, puedes caer en cuenta que eres mucho más complejo que esas imágenes en blanco y negro que percibías de niño. También podrías reflexionar si estás haciendo alguna cosa hoy en día para mantenerte en el mismo lugar del pastel

"EL MUNDO GIRA A MI ALREDEDOR"

ME GUSTO TAL Y COMO SOY

TRABAJO REFLEXIVO SOBRE LA AUTOESTIMA

En esta actividad aprendí que:

Autoconocimiento

Soy una persona que es _____

_____

_____

_____

_____

(puedes llenar con los adjetivos que usaste para describirte en el pastel familiar.)

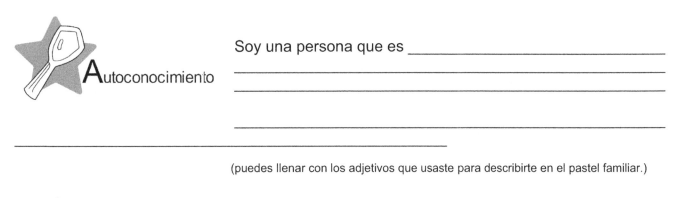

Aceptación

Sin juzgar: ¿Escuchas una voz interior? ¿Está la voz discutiendo? ¿Juzgando? ¿Explicando? ¿Defendiendo? ¿Protegiendo? ¿Comparando? ¿Limitando?

¿Cuál de estas?_____

Para aceptarte a ti mismo, elige uno de los siguientes enunciados con la que te sientas más identificado o escribe uno propio.

1. Está bien ser diferente a mis hermanos. Las diferencias hacen el mundo más interesante.

2. ¿No es interesante que todavía me veo de esa manera?

3. Me doy cuenta que se me dificulta aceptar algunas de estas cualidades.

4. Haber escrito cierta cualidad para uno de mis hermanos no quiere decir que no se pueda aplicar a mí.

5. No tengo que limitar mi visión de mí mismo a solamente estas cualidades.

6. Me acepto a pesar de mis errores e imperfecciones.

7. _____

 **A**cción

Con el coraje que se necesita para ponerse manos a la obra en el mundo real y ahora que tienes esta información acerca de ti mismo; elige un pequeño paso, que podrías tomar de la siguiente lista.
Por ahora solamente elige uno. Siempre podrás elegir otros más adelante.

1. Comparte los adjetivos que escribiste sobre ti mismo con otra persona y pídele que te los repita en voz alta.

2. Practica diciendo, "Yo soy (tus adjetivos)" para ver a dónde te guía.

3. Busca maneras como esos adjetivos te pueden estar limitando.

4. Date permiso para ser tal cual eres.

5. Encuentra alguna cualidad que piensas es sólo de alguno de tus hermanos y fíjate cómo puedes tenerla tú también.

6. Fíjate si has descrito a alguno de tus hermanos de forma muy negativa o limitada y encuentra algunas maneras para conocerlo mejor.

7. Fíjate con quién te estás comparando y pregúntate por qué. Ahora ¡Déjalo ir! ¡Suelta!

CAPÍTULO 2

MENSAJES
DEL PASADO

Basado en un taller por Maxine Ijams

Las conclusiones a las que llegaste siendo niña son a menudo las mismas ideas que tienes acerca de la vida. Estás actuando desde tu cuerpo de adulto, en tu mundo de adultos, pero estás usando tu mismo razonamiento de niña.

Vives cargando con estas conclusiones y mensajes viejos como si fueran tu equipaje. ¿Qué tipo de equipaje estás cargando?

Para averiguarlo, llena los espacios en blanco en las maletas con lo primero que se te venga a la mente cuando leas las palabras que tienen cada una. Piensa en esos mensajes que recibiste de niña acerca de cada una de esas categorías.

Actividad:
(Rellena los espacios)

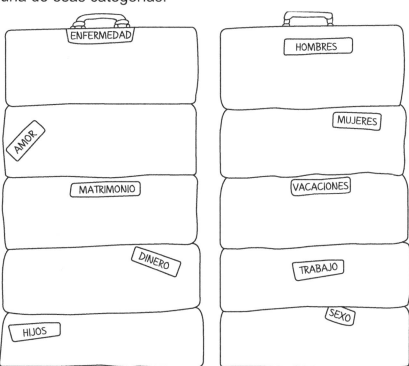

¿Sabías que los mensajes que recibiste cuando eras niño
se convierten en las creencias que mantienes de adulto?

TRABAJO REFLEXIVO SOBRE LA AUTOESTIMA

En esta actividad aprendí que:

Autoconocimiento

Soy una persona que_____
_____
_____
_____
_____

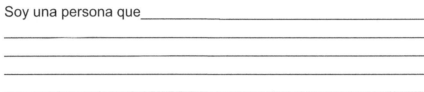
(escribe abajo alguna conclusión o mensaje de cualquiera de tus maletas.)

Aceptación

Sin juzgar, elige uno de los siguientes enunciados con el que te sientas más identificado o escribe uno propio.

1. Está bien que mi equipaje sea diferente al de otras personas.

2. ¿No es curioso que esto haya salido de mí?

3. ¿No es interesante cómo esta vieja creencia sigue todavía conmigo?

4. Me he dado cuenta de cómo esa creencia me ha estado limitando.

5. No tenía idea de que esto era algo que creé cuando niño y me sorprende saber de dónde viene.

6._____

Acción

Con el coraje que se necesita para ponerse manos a la obra en el mundo real, pregúntate si estas creencias te están causando molestias. Definimos molestia el hacer menos o hacer más de lo que se necesita hacer.

En caso afirmativo, indica cómo:

_____
_____

Si así es, entonces piensa en un pequeño paso que podrías tomar utilizado esta información para enriquecer tu situación actual. Algunos pasos podrían ser:

1. Comparte tu creencia con alguien más.
2. Escucha las creencias de otras personas y mira si pides prestado sus actitudes.
3. Escucha las creencias de otras personas y elige hacer lo contrario.
4. Haz un plan de acción de una cosa que podrías hacer en la siguiente semana que te puede ayudar a mejorar tu situación.

Mi pequeño paso será:

_____

_____

_____

_____

_____

Si tu creencia no está molestando, entonces para ponerte manos a la obra podrías anotar cómo tu creencia te ha ayudado a crecer.

Esta creencia me ha ayudado a…

_____

_____

_____

_____

_____

_____

A veces este equipaje te puede meter en problemas, especialmente en tus relaciones interpersonales. Por ejemplo, podrías llegar a pensar que el resto de las personas ve el mundo igual que tú, pero ellas y ellos también cargan con su propio equipaje.

Cuando distintos equipajes chocan y ambas personas creen que están en la vía correcta, esa es la hora de desarrollar una actitud de curiosidad en vez de intentar demostrar que uno está en lo correcto y desatar una lucha de poder.

Puedes intentar hacer esta actividad con un amigo o con tu pareja y luego compartir respuestas entre vosotros para practicar entender otros puntos de vista.

CAPÍTULO 3

SINTIÉNDOSE AMADO

Esta actividad fue introducida por primera vez por Gloria Lane

La familia es el primer lugar donde se aprende sobre el amor. La mayoría de las cosas que aprendemos sucede a tan temprana edad que normalmente ni se piensa en ello, ni tampoco nos preguntamos cómo lo aprendimos.

Tus padres te trataron de ciertas maneras en las que aprendiste a sentirte amado. Igualmente descubriste formas de demostrar a tus padres que ellos te importaban. Estas primeras experiencias dieron forma a cómo tú te sientes amado y cómo demuestras tu amor en la actualidad.

Lo que hace sentirse amado, varía en cada persona, debido a las diferencias de esas primeras experiencias, y las decisiones que cada uno fue tomando al respecto. Las formas en que cada persona demuestra su amor son igualmente muy variadas.

Para entender tus primeras decisiones acerca del amor, responde las siguientes preguntas.
Si deseas hacer esta actividad en pareja, hay una copia extra de las preguntas para tu pareja.

PARA TI

1. ¿Quién consideras fue tu padre primario o adulto mentor desde tu nacimiento hasta cuando cumpliste un año?_____

2. ¿Quién consideras fue tu padre o adulto mentor favorito cuando eras niño en crecimiento?

_____

_____

3. Como niño que estaba creciendo, ¿Cómo demostrabas a tu padre/madre o adulto (respuesta #1) que lo/a amabas?

_____

_____

_____

_____

4. ¿Cómo tu padre/madre o adulto mentor (respuesta # 1) te mostraba que te amaba cuando eras un niño?

_____

_____

_____

_____

5. Cuando niño, ¿Cómo demostrabas a tu padre o adulto mentor favorito (respuesta # 2) que lo amabas? (Llena solamente en caso de haber tenido padre o mentor favorito).

_____

_____

_____

_____

_____

_____

_____

6. ¿Cómo tu padre/madre o adulto mentor favorito (respuesta # 2) te mostraba que te amaba cuando eras niño?

_____

_____

_____

_____

_____

_____

_____

(Si utilizas palabras tales como "Portarse bien", "Ser responsable", etc., trata de ser más específico. Por ejemplo, "Portarse bien" realmente podría significar "hacer las tareas a tiempo" o "Mantenerse callado" o "Hacer lo que te piden y ser obediente").

PARA TU PAREJA

1. ¿Quién consideras fue tu padre primario o adulto mentor desde tu nacimiento hasta cuando cumpliste un año?_____

2. ¿Quién consideras fue tu padre o adulto mentor favorito cuando eras niño en crecimiento?_____

3. Como niño que estaba creciendo, ¿Cómo demostrabas a tu padre/madre o adulto mentor (respuesta #1) que lo/a amabas?

_____
_____
_____
_____

5. ¿Cómo tu padre/madre o adulto mentor (respuesta # 1) te mostraba que te amaba cuando eras un niño?

_____
_____
_____
_____
_____
_____
_____
_____
_____

6. ¿Cómo tu padre/madre o adulto mentor favorito (respuesta # 2) te mostraba que te amaba cuando eras niño?

_____
_____
_____
_____
_____
_____
_____
_____
_____
_____

(Si utilizas palabras tales como "Portarse bien", "Ser responsable", etc., trata de ser másespecífico. Por ejemplo, "Portarse bien" realmente podría significar "hacer las tareas atiempo" o "Mantenerse callado" o "Hacer lo que te piden y ser obediente").

Si realizas esta actividad con tu pareja, fíjate si la forma como tú demuestras amor coincide con la forma en que tu pareja se siente amada. En caso de no coincidir, lo que no es inusual, será una información muy útil para ayudarte a entender mejor su relación.

¿Qué es lo que significa esta información?

Digamos que acabas de terminar de responder las preguntas y descubriste que tu forma de demostrar amor es:

Ayudando en las tareas del hogar

O

Haciendo lo que te piden

O

Con abrazos

O

Frotando la espalda del otro

O

Siendo buen estudiante

O

Trabajando duro

Tal vez haces estas cosas pero las personas a tu alrededor se quejan porque no se sienten amados. Tú te sientes herido, enojado, confundido. ¿Cómo es posible que sea así?

Quizás si ves sus respuestas descubrirás que esas personas se sienten amadas cuando:

Alguien es juguetón con ellas

O

Alguien les prepara una Buena

comida cada noche

O

Alguien las deja solas

O

Alguien les permite estar por encima

O

Alguien se relaja con ellas

Considera algunas de las posibilidades que se aplican a tu vida.

Si tu respuesta inicial fue de alguna manera "No mostré o sentí amor", o "No me acuerdo", podría significar que no te das cuenta cuando alguien te estaba demostrando amor o podría significar que como no tuviste un modelo, puedes estar más abierto a aprender formas de amar.

Ahora, toma las respuestas que diste a las preguntas previas y transcríbelas en las casillas correspondientes del cuadro siguiente, para averiguar cuál es tu modelo actual con el cual demuestras amor y con el que te sientes amado. Hay casillas para escribir las respuestas de tu pareja.

Tabla sintiéndose amado

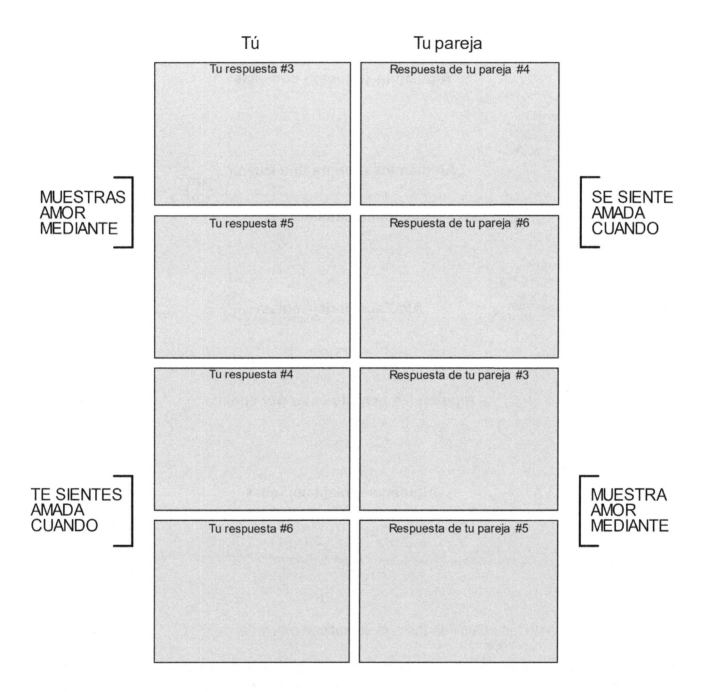

Tú   Tu pareja

MUESTRAS AMOR MEDIANTE

Tu respuesta #3

Respuesta de tu pareja #4

SE SIENTE AMADA CUANDO

Tu respuesta #5

Respuesta de tu pareja #6

TE SIENTES AMADA CUANDO

Tu respuesta #4

Respuesta de tu pareja #3

MUESTRA AMOR MEDIANTE

Tu respuesta #6

Respuesta de tu pareja #5

TRABAJO REFLEXIVO SOBRE LA AUTOESTIMA

En esta actividad aprendí que:

Soy una persona que muestra amor mediante (tus respuestas de la #3 y #5):

_____

Y me siento amada cuando (tus respuestas de la #4 y #6):

_____
_____

Sin juzgar, elige un enunciado que te ayude a aceptarte a ti mismo en este momento.

1. Puedo decirme a mí mismo que mostrar amor y sentirme amado de estas formas son la forma más natural de expresión para mí.

2. No tenía ni idea de que una decisión que tomé hace mucho tiempo haga que hoy no me sienta amado.

3. Ya tengo un lugar por donde comenzar.

4. Este solamente es un patrón que decidí siendo niño. Puedo cambiarlo si quiero.

5. (Tus ideas_____

_____
_____

Acción

Con el coraje que se necesita para ponerse manos a la obra en el mundo real, elige uno de los siguientes elementos:

1. Fíjate en las áreas donde no te sientes amado o deseas que alguien te demuestre su amor. Nota si estás esperando que las personas hagan lo que tus padres solían hacer o lo que tú solías hacer, en lugar de caer en cuenta que quizá te están demostrando su amor a su propia manera.

2. Pide amor a alguna persona de la forma en que tú te sientes más amado. Podrías pensar que si tienes que pedir algo, entonces no vale. Pero recuerda, las otras personas no saben leer la mente. Necesitan saber lo 31 que te hace sentir amado. Si lo pides y no te lo dan, tampoco significa que no te merezcas ser amado. La forma como responde cada persona tiene que ver con su capacidad para responder, no tiene que ver contigo.

3. Tómate el tiempo necesario para descubrir cómo te están demostrando su amor por ti las personas que te importan.

4. Pregunta a alguien si la forma como tú demuestras amor los hace sentirse amados. Pregunta si hay algo que les gustaría.

5. Cuando demuestras tu amor a alguien haciendo lo mismo que aprendiste cuando niño (respuestas #3 y #5) diles explícitamente a las personas: "Estoy haciendo esto porque te amo. Ésta es la forma como demuestro amor".

6. Para enfrentar cualquier dolor que tengas por no sentirte amado, trata de hablar con alguien acerca de tus sentimientos.

7. Compórtate "como si" te sientes amado y sabes amar.

8. Pide a tu pareja que responda a las preguntas de esta actividad para que aprenda más acerca de ella.

9. Crea tu propia frase en la que te digas "Es bueno tener esta información sobre mí mismo y entender cómo actúo"

CAPÍTULO 4·

RUEDA PARA HÁMSTER DE LA AUTOESTIMA

Gracias de nuevo a Gloria Lane

La Rueda para Hámster de la Autoestima es un rodero que creas en tu mente. Es parecido a estar dentro de una noria como un hámster. Te parece que no hay salida.

La Rueda que te aleja de la Autoestima se parece a lo siguiente
Sigue los numeros...

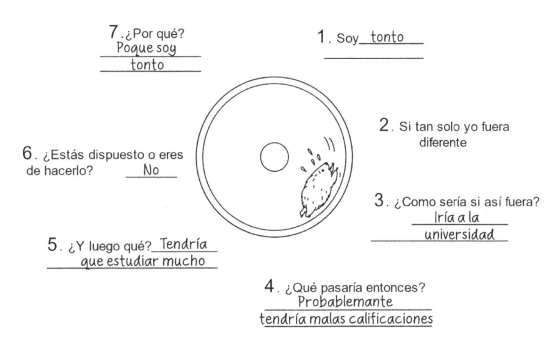

7. ¿Por qué?
Poque soy
tonto

1. Soy tonto

2. Si tan solo yo fuera diferente

6. ¿Estás dispuesto o eres de hacerlo? No

3. ¿Como sería si así fuera?
Iría a la
universidad

5. ¿Y luego qué? Tendría
que estudiar mucho

4. ¿Qué pasaría entonces?
Probablemante
tendría malas calificaciones

Actividad:

Ahora es tu turno. Anota algo que quieras cambiar de ti mismo. Puede ser algo que no te guste de ti o algo que desearías fuese diferente.

La Rueda que te aleja de la Autoestima se parece a lo siguiente
Sigue los numeros...

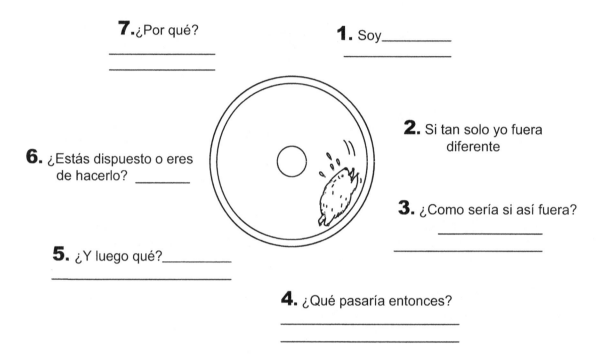

7.¿Por qué?
_____
_____

1. Soy_____
_____

6. ¿Estás dispuesto o eres de hacerlo? _____

2. Si tan solo yo fuera diferente

3. ¿Como sería si así fuera?
_____
_____

5. ¿Y luego qué?_____
_____

4. ¿Qué pasaría entonces?
_____
_____

Cuando entras a la Rueda para Hámster de la Autoestima, date cuenta de lo que obtienes. ¿Es esto lo que quieres? Si no es así, vuelve a la rueda para descubrir cómo pudieras estar desalentándote a ti mismo con cualquiera de los siguientes comportamientos desalentadores:

 Comparándote.

 Juzgándote.

 Escuchando lo que los demás dicen y creyendo que lo que dicen es acerca de ti y no acerca de ellos mismos.

 Creándote demasiadas expectativas

 Pensando en términos absolutos, por ejemplo: nunca, siempre, no es posible.

 Creyendo que nunca podrás cambiar y que tus viejos patrones son tus ÚNICOS patrones.

Para poder ALENTAR empezando por ti mismo, sustituye uno de los siguientes nuevos comportamientos en los pasos #3 y #4 de la rueda.

SI	ENTONCES
ESTÁS COMPARÁNDOTE	Enfócate en tu propio progreso. Acepta las diferencias. Aprende nuevas habilidades.
ESTÁS JUZGÁNDOTE O PENSANDO EN TÉRMINOS ABSOLUTOS	Cambia tus pensamientos : "debería" y "Tengo que" por pensamientos de "Podría", "Puedo", o "Deseo" Cambia : Los "Siempre" por "a veces" los "nunca" por "tal vez" o "Quizás", tus "no puedo" por "no quiero", "no deseo"
TOMANDO PERSONAL LO QUE DICEN OTROS	Recuerda que lo que los otros dicen son enunciados acerca de ellos, no sobre ti.
CREÁNDOTE DEMASIADAS EXPECTATIVAS OCREYENDO QUE ES IMPOSIBLE CAMBIAR	A. Piensa en un pequeño paso que puedas dar, o enfócate en un día a la vez. B. ¡Ten fe en ti mismo! CONFÍA C. Pasa tiempo con personas que están ahí para alentarte. Como los Grupos de Apoyo, acompañantes, y grupos de esa índole. D. Pasa tiempo con personas que están ahí para alentarte. Como los Grupos de Apoyo, acompañantes, y grupos de esa índole.

TRABAJO REFLEXIVO SOBRE LA AUTOESTIMA

En esta actividad aprendí que:

Soy una persona que piensa ser (tu respuesta del punto #1 en la rueda) . . .

_____

_____

_____

Sin juzgarme puedo admitir que tengo tendencia a _____

_____

(Revisa tu rueda y mira si estás haciendo algo de la lista siguiente, y escríbelo.)

- Comparándote
- Juzgándote
- Escuchando lo que los demás dicen y creyendo lo que dicen.
- Creándote demasiadas expectativas.
- Pensando en términos absolutos.
- Creyendo que nunca podrás cambiar.

Luego de responder estos puntos, solo di a ti mismo "Está bien, es sólo como suelo actuar".

Con el coraje que se necesita para ponerse manos a la obra en el mundo real, elige alguna de las sugerencias de la columna ENTONCES del cuadro anterior.

CAPÍTULO 5·

CUANDO LA AUTOESTIMA SE SIENTE AMENAZADA

Basado en el taller de Bill y Mim Pew

Mientras que las cosas te salen bien y no te sientes amenazado, todo va bien. Cumples con las tareas cotidianas pero cuando te sientes de alguna manera amenazado, has aprendido a responder de cierta forma que crees que eso te va a proteger, que va a salvar tu ego o te ayudará a salir del apuro.

Haces esto en piloto automático sin pensarlo. Esta respuesta es un estilo de comportamiento que utilizas para lidiar con las situaciones que te parecen amenazan tu propio ser. A esta respuesta la llamamos tu Carta Alta.

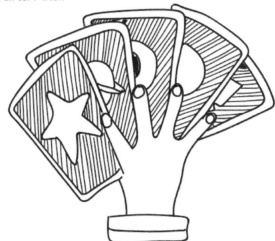

La siguiente actividad te ayudará a encontrar tu **Carta Alta**. Una vez que seas consciente de lo que implica, podrás darte cuenta cuándo la usas y lo que te sucede cuando lo haces.

Actividad:

Encierra en un círculo la caja que contiene aquello que más desearías evitar.

Si se te hace difícil decidir cuál caja encerrar en un círculo, imagínate que tienes que abrir tres de las cajas pero que puedes ocultar una debajo de la cama y nunca abrirla.

Si elegiste:	Tu CARTA ALTA es:	Lo que tiendes a hacer:

ESTRES & DOLOR

COMODIDAD

Tomas el camino de menor resistencia.
Dejas frases incompletas. Haces chistes.
Intelectualizas. Haces sólo las cosas que
sabes que haces bien.
Evitas nuevas experiencias.
Haces lo posible para que nadie se entere
que cometiste un error.
No tomas riesgos cuando es posible
herir los sentimientos de alguien.
Te escondes, evades o evitas.

RECHAZO & MOLESTIAS

COMPLACENCIA

Eres amistoso. Dices chismes en lugar
de confrontar directamente.
Dices "sí" cuando quieres decir "no".
Cedes. Te preocupa lo que los demás
quieren más que tus propias
necesidades.
Tratas de arreglarlo todo y hacer felices
a los demás.

CRÍTICAS & BURLAS

CONTROL

Lo haces tú mismo. Te aguantas.
Eres mandón. Organizas. Discutes.
Te quedas callado y esperas
que los demás traten de convencerte.
Escondes tus sentimientos.
Analizas todas las posibilidades
antes de hacer una movida. Procrastinas,
pospones las cosas.

SIN SENTIDO & SIN IMPORTANCIA

SUPERIORIDAD

Menosprecias a las personas o a las cosas
Corriges a los demás. Te mortificas.
Hablas de lo absurdo de la vida. Exageras.
Haces más de lo que debes.
Cargas demasiado. Te preocupas de
cómo hacerlo o ser mejor. Operas desde
pensamientos de "debería".

LO QUE PUEDE PASAR CUANDO SACAS TU CARTA ALTA

Cuando sacas tu Carta Alta, esta te puede llevar a un lugar positivo o te puede meter en problemas.

Tu CARTA ALTA	Lo Positivo	Los Problemas
COMODIDAD	Estás atento a tu persona y tus necesidades. Puedes contar con los demás cuando necesitas ayuda. Haces que los demás se sientan cómodos. Eres creativo.	Invitas a que te den atención y te brinden servicio especial. Te preocupas demasiado, pero nadie sabe lo asustado que estás. Pierdes en el contacto y el compartir. Haces malabares con las situaciones incómodas en lugar de enfrentarlas. Esperas que los demás te cuiden en lugar de volverte independiente.
COMPLACENCIA	Tienes muchos amigos. La gente cuenta contigo. Por lo general ves lo positivo de las personas y las cosas.	Invitas a generar ciclos de venganza. Te sientes resentido e ignorado. Te metes en problemas por aparentar ser bueno mientras estás siendo malo.
CONTROL	Organizado. Obtienes lo que quieres. Eres capaz de cumplir las cosas y resolver problemas. Te haces cargo de situaciones. Sabesesperar con paciencia.	Terminas alejándote de las personas. Invitas a luchas de poder. Terminas enfermo. Evitas lidiar con los asuntos cuando te sientes criticado. Te pones a la defensiva en lugar de abrirte e intentar ser comprensivo. A veces esperas que te den permiso.
SUPERIORIDAD	Haces reír a las personas. Haces y logras muchas cosas. Recibes muchos elogios y premios. No esperas a que los demás te digan lo que tienes que hacer. Posees mucha autoconfianza.	Te ven como un sabelotodo o como una persona grosera e insultante. No te das cuenta que eso puede ser un problema. Nunca estás satisfecho porque crees que pudiste haber hecho más o mejor las cosas. Tienes que aguantar a tanta gente incompetente e imperfecta a tu alrededor. A veces no haces nada porque aparenta ser demasiado abrumador o agobiante.

CUANDO QUIERES SER AMIGO DE ALGUIEN CUYA CARTA ALTA ES...

COMODIDAD

ENTONCES...

No interrumpas.
Pide sus comentarios.
Escucha en silencio.
Dale su espacio.
Muéstrale que confías. Tenle fe.
No hagas las cosas por él o ella.
Aliéntalo a dar pequeños pasos.

COMPLACENCIA

ENTONCES...

Dile cuánto lo/a amas.
Tócalo/a mucho.
Muéstrale tu aprobación.
Dilecuánto aprecias lo que hace.
Dile cuán especial es.

CONTROL

ENTONCES...

Pregúntale cómo se siente.
Dile las reglas. Pide su ayuda.
Di "Está bien".
Dale opciones.
Déjalo/a liderar en el
área que desea.
Dale permiso.
Pide consejo.
Dile que lo/a amas.

SUPERIORIDAD

ENTONCES...

Dile cuánto significa para ti.
Agradécele por su contribución.
Ayúdale a ver
los pequeños pasos.
Diviértete con él/ella.

ME GUSTO TAL Y COMO SOY

TRABAJO REFLEXIVO SOBRE LA AUTOESTIMA

En esta actividad aprendí que:

Autoconocimiento

Soy una persona que se mueve automáticamente hacia…(anota tu Carta Alta):

_____

_____

Aceptación

Sin juzgarme, puedo admitir que he aprendido a responder automáticamente a: _____

_____

_____

_____

_____

Acción

Con el coraje que se necesita para ponerse manos a la obra en el mundo real, empieza con una de las siguientes actividades:

Actividad 1: Observa cómo otros sacan su Carta Alta. Recuerda que es probable que estén sintiendo miedo o estrés mientras actúan desde su Carta. Escriba lo que observó.

_____

_____

_____

_____

Actividad 2: Obsérvate en una situación en la que estés sacando tu Carta Alta. (Fíjate en la tercera columna del Cuadro 1 para ejemplos) Cuando te sorprendas a ti mismo actuando desde tu Carta, repítete a ti mismo "Mira qué curioso cómo estoy sacando mi Carta Alta" y anota el incidente

_____

_____

_____

Actividad 3: Si te encuentras sacando tu Carta Alta, pregúntate: "¿De qué tengo miedo?" o "¿Qué es lo peor que podría suceder y cómo lo podría manejar?" (Usa el incidente de la Actividad 2). Tenía miedo de...

_____
_____
_____
_____
_____
_____

Actividad 4: Si puedes ponerte en contacto con tu miedo, ¿Logras ver alguna otra opción o deseas seguir actuando desde tu Carta Alta? Escribe lo que quieres hacer.

_____
_____
_____
_____
_____
_____

Actividad 5: Llena los espacios en blanco.

A. Piensa en un momento en que las cosas no iban como tú lo esperabas. Escríbelo.

_____
_____
_____

B. ¿Cuál es tu Carta Alta? _____

C. ¿En qué momento sacaste tu Carta Alta? ¿Qué es lo que hiciste?

_____
_____
_____

D. ¿De qué tenías miedo?

_____
_____
_____

E. ¿Qué otras opciones tienes?

_____
_____
_____
_____
_____

CAPÍTULO 6

MAPAS DE MEMORIA:
ENCONTRANDO A TU NIÑO
NIÑA INTERIOR

Muchos de los patrones que tienes como adulto se formaron por primera vez en tu infancia. Dentro de cada uno de nosotros y nosotros, todavía existe un niño o niña, y a menudo es la parte de cada persona que controla una dada situación. Esta actividad fue diseñada para encontrar a ese niño o niña interior y llegar a conocerlo mejor.

1. Piensa en una ocasión cuando eras pequeña y tuviste un sentimiento de pérdida, dolor o decepción. En la casilla #1, escribe la situación incluyendo tu edad en ese momento de tu vida.

2. ¿Cómo te sentiste en ese momento? Escribe tu sentimiento(s) en la casilla #2. (Si necesitas ayuda en identificar o nombrar el sentimiento, puedes utilizar la Tabla de Sentimientos en pg. 58.)

3. En ese momento, tomaste una decisión de la que quizás no fuiste consciente o quizás sí. ¿Qué decidiste en ese momento? Escribe esta decisión en la forma de pensamiento #3. (Normalmente, una decisión suena algo así: "Entonces, los voy a esperar afuera", "Voy a pelear y a gritar hasta salirme con las mías", "No me toman en serio", "Nadie me escucha", etc.).

4. En la casilla # 4, escribe lo que hiciste. Esta es la acción que tomaste en ese momento.

5. Finalmente, en la casilla #5, anota cómo terminó la situación.

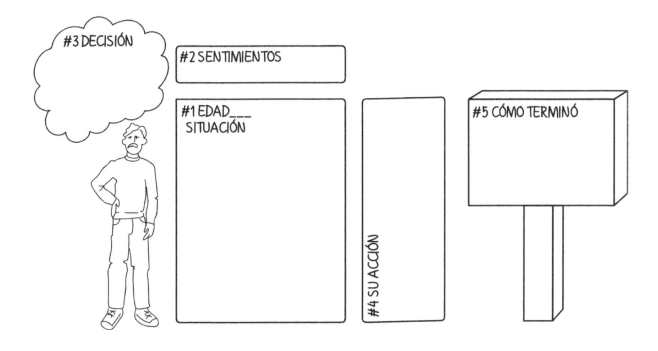

¿Qué situaciones invitan a tu niño o niña interior a tomar la batuta? Para averiguarlo, fíjate en la casilla #1.

A menudo, la información en la casilla #1 representa algo más allá de lo ocurrido. Como podemos ver en el siguiente ejemplo, la información sobre el gato representa un momento en el que la persona creía que no se le tomaba en serio y sentía que la estaban rechazando.

Cuando vemos más detenidamente este ejemplo, se puede ver cómo el niño interior junta las piezas de la experiencia para tomar una decisión acerca de las situaciones en las que piensa que no se le está tomando en serio o cuando cree que los demás son más importantes. En este ejemplo, el niño interior decidió que cuando no se le toma en serio (#1) y piensa que los demás son más importantes (#3), se siente histérico (#2) y cree que necesita gritar para llamar la atención (#4), y que esa es la única manera de obtener lo que él quiere (#5).

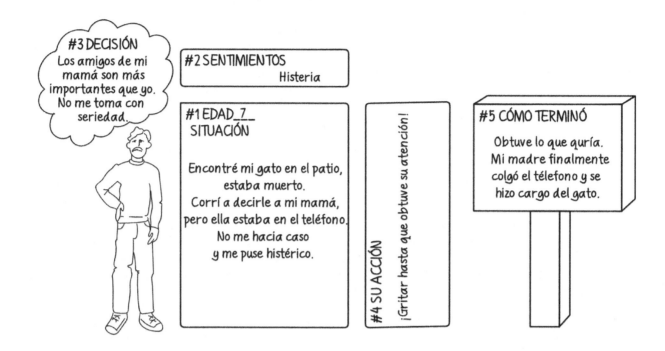

Indudablemente, si esta misma situación te sucediera a ti con tu propio hijo o hija, es posible que puedas ver el patrón con bastante mejor claridad.

Los patrones infantiles formados cuando eramos niños y niñas podrían seguir operando en situaciones que nos suceden ahora como personas adultas. De hecho, la mayoría de las personas recrean estos patrones una y otra vez. Por lo tanto, este mapa de memoria de la infancia es una versión condensada de la forma como aprendiste a operar en el mundo y muestra cómo piensas y te sientes, incluso en el día hoy.

Para profundizar en la comprensión de cómo esto ocurre, ahora miremos una situación actual de la persona de nuestro ejemplo anterior. Indudablemente, vemos un patrón similar.

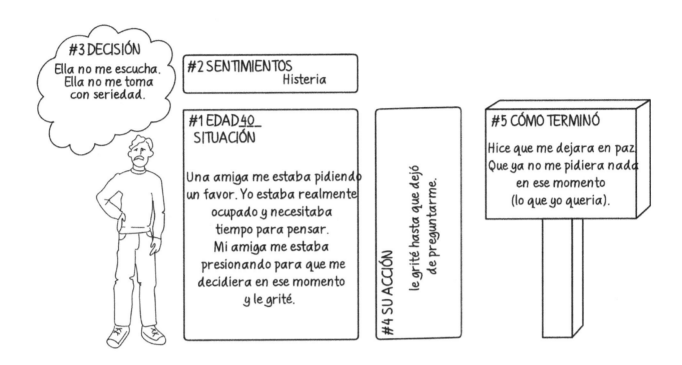

Tener este mapa puede ser muy útil para retomar tu poder, porque una vez que sabes que tú mismo creaste el patrón, que no lo crearon las personas en tu entorno, entonces serás capaz de crear un nuevo patrón o un patrón alternativo, por decirlo de alguna manera.

ME GUSTO TAL Y COMO SOY

TRABAJO REFLEXIVO SOBRE LA AUTOESTIMA

In this activity I learned:

Autoconocimiento

En esta actividad aprendí que:

Piensa que (#3):

_____

cuando sucede (#1):

_____

y siente (#2):

_____

y hace (#4):

_____

y al final termina (#5):

_____

Aceptación

Sin juzgarme, puedo decirme a mí mismo uno de los siguientes enunciados:

A. Está bien no tratar de arreglar o cambiar esto. Simplemente es bueno conocer más acerca de mi niño interior.

B. Puedo decirme a mí mismo que soy capaz de cambiar esto cuando esté listo, si así lo deseo.

C. Conocer acerca de esto es el primer paso para poder cambiarlo.

Acción

Con el coraje que se necesita para ponerse manos a la obra en el mundo real, puedo hacer una de las siguientes actividades (Elige la que desees):

Actividad #1: Sé consciente de tu patrón.

Actividad #2: Cambia tu patrón pretendiendo que tienes una varita mágica. Imagina la situación #1 de la forma en que te hubiera gustado que sucediera. Si te encuentras deseando usar tu varita mágica para cambiar a otra persona, piensa en lo que tú podrías haber hecho para generar ese cambio.

Actividad #3: Habla sobre tu niño interior con tu pareja o con un buen amigo/a.

Actividad #4: Hazte amigo de tu niño interior y perdónalo o pide al adulto que eres que le dé un mensaje de aliento.

Actividad #5: Fíjate en una situación actual y mira si estás actuando desde tu viejo patrón. Llena el mapa a continuación.

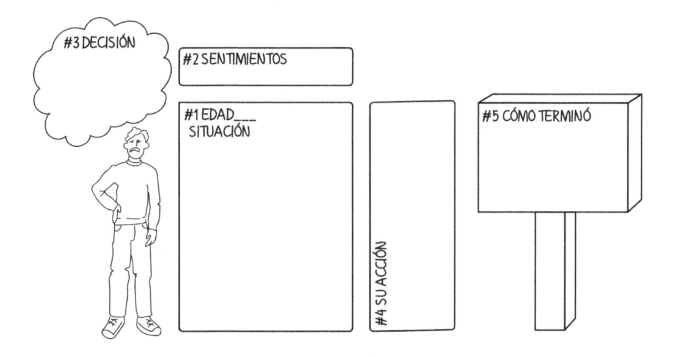

CAPÍTULO 7·

SANANDO LA AUTOESTIMA

Basado en el libro Dealing with Feelings (Tratando con los Sentimientos) de Ed y Barbara Janoe

¿A veces tienes sensaciones que te hacen pasar un mal rato? Podría ser dolor, hambre, celos, estrés, enojo o cualquier otra sensación o sentimiento de los cientos que existen. Podrías reducir la presión de ese sentimiento o conocer más acerca del mismo al hacer esta actividad. Usa tu imaginación, exagera si quieres, incluso puedes simular si es necesario.

Actividad:

Piensa en algún sentimiento sobre el cual te gustaría recibir un poco de ayuda.
1. ¿Cuál es el nombre del sentimiento?

_____
_____

(Consulta el cuadro pag 49 con los nombres de los sentimientos como ayuda)

2. ¿En qué parte de tu cuerpo lo sientes?

_____
_____
_____
_____
_____

3. ¿Cómo se ve en tu cuerpo? (En este punto usarás tu imaginación y puedes pretender ves al sentimiento).

_____
_____
_____
_____

4. ¿De qué color es?

_____

5. ¿Qué tamaño tiene?

_____

6. ¿Cuán denso es?

_____

7. ¿Qué tan intenso se siente? (del 1 al 10, siendo 10 lo más alto)

_____

8. Piensa en un momento reciente cuando te sentiste así y detén la acción justo ahí. Descríbela.

_____
_____
_____
_____
_____
_____
_____
_____
_____
_____

9. Si tuvieras una varita mágica y pudieras cambiar cualquier cosa que quisieras de esta última escena, ¿cómo la cambiarías?

_____
_____
_____
_____
_____
_____

10. Ahora, haz un ejercicio de memoria y vuelve atrás en el tiempo tanto como te sea posible y piensa en un recuerdo del pasado. Podría o no incluir el mismo sentimiento. Si no te viene nada a la mente, cualquier recuerdo del pasado estará bien. Detén la acción. Descríbela.

Intenta ser específico y piensa en un momento en particular:
"Recuerdo una vez, cuando tenía ____ años de edad y…"

_____
_____
_____
_____
_____
_____
_____
_____

11. Ahora, nuevamente, ¿Cómo cambiarías la escena con tu varita mágica? (Es posible que no quieras cambiar nada y eso también está bien.)

_____
_____
_____
_____
_____
_____

12. Ahora fíjate en el sentimiento una vez más:

¿Qué tamaño tiene?

_____
_____

¿Cuán denso es?

_____
_____

¿Qué tan intenso se siente?

_____
_____

¿Percibes algún cambio?

_____
_____

Por lo general, el sentimiento con el que comenzaste podría sentirse menos intenso ahora o podría haber desaparecido. Otras veces, un nuevo sentimiento más fuerte surgirá. Si es éste el caso, solamente tienes que volver a realizar la misma actividad.

Esta actividad es una forma de auto-hipnosis. Puede ser utilizada para reducir el dolor. Se puede usar para ayudar a reducir comportamientos adictivos y también como una actividad de relajación.

También puedes aprender sobre tu persona y ver cómo vas haciendo cambios. A veces darse cuenta de esta información es suficiente o puede ser el primer paso para hacer cambios en tu vida y seguir avanzando en tu crecimiento personal.

Una manera de aprender acerca de ti mismo es entender cómo funciona la varita mágica en la actividad.

La varita mágica simboliza la forma en la que haces cambios. Puedes ver cómo funciona esto en tu propia vida al retroceder, ya sea hasta un recuerdo de la infancia o hasta una situación actual. Se te pide usar ambas porque los sentimientos que tienes ahora vienen de decisiones que tomaste hace mucho tiempo, pero quizá no te habías dado cuenta. Retroceder en el tiempo te da una visión más clara de tu decisión original y te ayuda a sanar un poco el dolor de entonces.

TRABAJO REFLEXIVO SOBRE LA AUTOESTIMA

En esta actividad aprendí que:

Autoconocimiento

Soy una persona que a veces siente…

_____
_____
_____
_____

(Escribe el sentimiento que trabajaste en esta actividad.)

Aceptación

Sin juzgarme, puedo decirme a mí mismo que "Está bien sentirse así. Solamente forma parte de lo que soy".

Acción

Con el coraje que se necesita para ponerse manos a la obra en el mundoreal, ahora que tengo esta información sobre mí mismo:

1. Mi primer paso para usar esta información en mi crecimiento personal podría ser:

_____
_____
_____
_____
_____
_____
_____
_____
_____
_____
_____
_____
_____

2. Fíjate cómo usaste la varita mágica, ya sea en tu recuerdo de infancia o en la situación actual. ¿Cómo podrías hacer ese cambio ahora?

_____
_____
_____
_____
_____
_____
_____
_____
_____
_____
_____
_____
_____
_____

3. Si usaste la varita mágica para cambiar a otra persona, ¿Qué podrías hacer tú para invitar a esa persona a comportarse de esa manera ahora o para crear el cambio que lograste con la varita mágica?

_____
_____
_____
_____
_____
_____
_____
_____
_____
_____
_____
_____
_____
_____

CAPÍTULO 8

SENTIMIENTOS

ilustraciones de Paula Gray

50

CAPÍTULO 9·

USANDO LOS SENTIMIENTOS CON EFICACIA

Lo que sientes dice mucho de ti misma. Los sentimientos no son ni buenos ni malos. Los sentimientos sólo son. Los sentimientos son energía, esta energía te mueve en ciertas direcciones. Sin embargo, a veces los sentimientos te pueden alejar de lo que realmente deseas.

Esta actividad te ayudará a entrar en contacto con tus sentimientos para que puedas conocer cómo te ayudan o te impiden lograr tus objetivos.

Veamos cómo funciona esto.

Actividad:

1. Lista tres sentimientos que tengas en este momento

A._____

B._____

C._____

2. ¿Cómo te gustaría sentirte?

A._____

B._____

C._____

3. ¿Qué sueles hacer cuando tienes los sentimientos que enlistaste en el punto #1?

Sentimiento 1A: _____

Sentimiento 1B: _____

Sentimiento 1C: _____

4. ¿Con esto logras obtener los sentimientos que te gustaría sentir según la #2? (Sí o No)

Sentimiento 2A: _____

Sentimiento 2B: _____

Sentimiento 2C: _____

5. Si tus respuestas a la #3 no te llevan a sentir los sentimientos que deseas tener según la #2, ¿puedes pensar en otras acciones que podrías realizar?

Nueva 2 A:

_____
_____
_____
_____

Nueva 2 B:

_____
_____
_____
_____

Nueva 2 C:

_____
_____
_____
_____

6. Si te sientes atorado y no se te ocurre nada más que puedas hacer, lo siguiente te puede ayudar:

a. Habla con alguien más y pídele ideas o simplemente comparte tus sentimientos.

b. Recuerda alguna vez que te sentiste como en el #2. ¿Qué estabas haciendo en esa situación? ¿Podrías hacer algunas de esas cosas ahora y que te lleven a sentirte asi?

c. Pregúntate: "Si tuviera una varita mágica, ¿qué es lo que haría para poder sentirme así?"

¿Qué seria?

_____
_____
_____
_____
_____
_____
_____
_____
_____
_____
_____
_____
_____
_____

(A veces imaginarse usando la varita mágica puede desatorarte y plantearte nuevas opciones.)

d. ¿Qué le diriás a un amigo si estuviera buscando alternativas? Imagínate que eres tu amigo y repítete a ti mismo estas ideas.

_____
_____
_____
_____
_____
_____

TRABAJO REFLEXIVO SOBRE LA AUTOESTIMA

En esta actividad aprendí que:

Autoconocimiento

Soy una persona que

_____

_____

_____

(escribe lo que aprendiste acerca de ti mismo.)

Aceptación

Sin juzgarme, me puedo decir "Los sentimientos solo son, y me pueden llevar en alguna dirección. Estoy aprendiendo hacia dónde me pueden llevar mis sentimientos, y está bien sentir lo que siento en estos momentos. Es solo lo que siento."

Acción

Con el coraje que se necesita para ponerse manos a la obra en el mundo real, soy capaz de hacer otras cosas como... (Elige alguna acción de la #5 o #6 de este apartado)

_____

_____

_____

_____

_____

_____

_____

_____

_____

_____

_____

_____

CAPÍTULO 10

DESTAPANDO EL ENFADO

Adaptado de un trabajo de Mitch Messer

Generalmente el sentimiento más difícil de admitir es el enfado porque de niños se nos enseñó que no estaba bien enfadarse. Cuando eras un niño pequeño, era peligroso estar alrededor de personas enfadadas. De niño era común que si te enfadabas te mandaran a tu habitación, o tus propios padres se enfadaban más contigo cuando tú te enfadabas. La mayoría de nosotros aprendimos que el enfado es algo que se debe ocultar, incluso si te sigues sintiendo enfadado.

Lo que muchos hacen, incluso de adultos, es guardarse el enfado y luego explotar. Es AHÍ cuando se torna peligroso estar cerca de alguien enfadado.

Sentirse alentado depende de darse cuenta de lo que sientes y darle el nombre correcto a ese sentimiento. El enfado es solo uno de los tantos sentimientos que somos capaces de experimentar. Echemos un vistazo a tu enfado.

Actividad:

Piensa en algo por lo que estás enfadado. ¿Qué es?

A._____
_____
_____
_____
_____

Recuerda lo que dijimos, el enfado es solo un sentimiento. Los sentimientos están dentro de ti. A veces cuanto te enfadas, puedes pensar que el enfado está fuera de ti. Es decir, crees que alguien o algo la causó. El enfado no se causa. El enfado es una respuesta. Para poder manejar mejor el sentimiento, nos ayuda el entender hacia dónde se dirige. La siguiente lista incluye los cinco "objetos del enfado" más comunes, aquello hacia donde se dirige tu enfado. ¿Eres capaz de encontrar el "objeto de tu enfado" en esta lista?

B. Tu enfado va dirigido hacia…

¿Tu mismo?

¿Otros?

¿El enojo de otros hacia ti?

¿La vida?

¿Alguien ausente?

(Alguien fallecido, que se fue a vivir a otro lado, o tiene alguna adicción)

Cuando estás enfadado te das cuenta de tus sentimientos pero a menudo no caes en cuenta que antes de sentir ese sentimiento algunos pensamientos estaban rondando dentro de tu cabeza.

Toda persona que se siente enfadada tiene algún asunto o pensamiento subyacentes. Para encontrar tu asunto o problema de fondo necesitas preguntarte varias veces, "¿qué es lo que me está haciendo enfadar?" hasta encontrar el verdadero problema enterrado bajo un montón de otras razones. Encontrarás el verdadero problema cuando te hagas esta pregunta una y otra vez y siempre regreses a la misma respuesta. Ese es el asunto subyacente. Inténtalo utilizando el ejemplo con el que iniciaste.

C. ¿Qué es lo que te hace enfadar?

_____
_____
_____
_____
_____
_____

Y de eso, ¿qué es lo que te hace enfadar?

_____
_____
_____
_____
_____

Y de eso, ¿qué es lo que te hace enfadar?

_____
_____
_____
_____
_____

Y de eso, ¿qué es lo que te hace enfadar?

_____
_____
_____
_____
_____

Y de eso, ¿qué es lo que te hace enfadar?

_____
_____
_____
_____
_____
_____

Y de eso, ¿qué es lo que te hace enfadar?

_____
_____
_____
_____

(Continua haciendo esta pregunta las veces necesarias hasta que encuentres que la repuesta regresa a ser exactamente la misma o una versión muy similar.)

D. Ahora pregúntate si tus problemas o asuntos de fondo son un enunciado acerca de:

¿Reconocimiento?
¿Poder?
¿Justicia?
¿Habilidades o Capacidades?

Los asuntos de reconocimiento tienen que ver con pensamientos tales como "¿Qué piensa la gente de mí?"; "¿Me doy a notar?"; "¿Merezco tratamiento o servicio especial?"; "¿Qué clase de persona soy?"

Los asuntos de poder tienen que ver con pensamientos tales como "Nadie puede hacerme esto"; "Yo debería estar a cargo"; "Lo quiero a mi manera"; "Me siento impotente e indefenso"

Los asuntos de justicia tienen que ver con pensamientos tales como "No es justo"; "La vida es injusta"; "No está bien tratar a las personas de esa manera"; "Las personas no deben tratar a otras personas de esa manera"; "Las personas deberían o no deberían hacer ciertas cosas"; "Yo no haría eso"; "Son malos e hirientes"

Los asuntos de habilidades o capacidades tienen que ver con pensamientos tales como "No puedo hacerlo"; "No está perfecto"; "Nunca es lo suficientemente bueno""; "No sé cómo hacerlo"; "Esto es demasiado difícil"; "No lo quiero intentar".

Escribe ¿De qué van tus asuntos subyacentes?

_____
_____
_____

TRABAJO REFLEXIVO SOBRE LA AUTOESTIMA

In this activity I learned:

Autoconocimiento

Soy una persona que se enfada ante…

_____

_____

_____

Aceptación

Sin juzgarme, me puedo decir que mi enfado tiene que ver con asuntos de…

_____

_____

_____

_____

(escribe tus asuntos subyacentes del punto D.)

Acción

Con el coraje que se necesita para ponerse manos a la obra en el mundo real, elige alguna acción de la siguiente lista:

_____

_____

_____

_____

Si el objeto de mi enojo fue:	Entonces yo podría:
YO MISMO	Aceptar que la imperfección es parte de ser humano y que los errores son oportunidades para aprender.
OTROS	Decirle al otro "Estoy enojado contigo porque (usa la información que aprendiste) y solo quería contarte cómo me siento. Está bien si no haces nada." (ENTONCES solo confía en el proceso)
EL ENOJO DE OTROS HACIA MI	Pide a la persona que te cuente un poco más de sus razones para estar enojada contigo y recuerda que su enojo es una afirmación acerca de ella misma, no es acerca de ti.
LA VIDA	Escribe en un diario sobre tus sentimientos de dolor o compártelos con alguien. A menudo hay mucho temor y miedo debajo del enojo. Piensa en cuáles podrían ser tus miedos y comparte eso también.
ALGUIEN AUSENTE	Escribe una carta de enojo o habla con una silla vacía pretendiendo que la persona está delante. Cuéntale todo sobre tu enojo. O usa tu varita mágica para recrear las situaciones con las que te sientes enojada, pero dales un desenlace diferente en tu imaginación. Si la persona está ausente debido a alguna adicción podrías asistir a un grupo de Alanon.

CAPÍTULO 11

PENSAR, SENTIR, HACER

Lo que *piensas* sobre los problemas tiene un tremendo efecto sobre lo que *sientes* y lo que *haces* para manejarlos en las diferentes áreas de tu vida. Esta actividad te puede ayudar a descubrir cómo cambiar un patrón destructivo en uno constructivo.

Actividad:

Elije una situación en tu vida que no te sea satisfactoria, una que quisieras cambiar.

Mi situación es

_____
_____
_____
_____
_____

Si puedes, decide cuál es tu meta dentro de esa situación.

Mi meta es

_____
_____
_____

Ahora responde las siguientes preguntas:

1. ¿Qué mensajes te das a ti mismo? ¿Qué es lo que PIENSAS respecto a esta situación?

_____
_____
_____
_____

(Escribe esta información en el círculo "PENSAR".)

2. ¿Cómo te SIENTES cuando piensas en esta situación? (Puedes ayudarte con el cuadro de sentimientos para buscarle un nombre.)

_____

_____

_____

_____

(Escribe esta información en el círculo "SENTIR".)

3. ¿Qué es lo que HACES cuando te sientes así?

_____

_____

_____

_____

(Escribe la información en el círculo "HACER".)

PENSAR 〉 SENTIR 〉 HACER

Fíjate en el círculo de HACER. ¿Te está ayudando ese comportamiento a lograr tu meta??

Si NO es así, continúa realizando esta actividad para encontrar un patrón más satisfactorio, exitoso y constructivo. Recuerda que las otras personas no te obligan a pensar, sentir o actuar de una manera determinada. Eres tú quien toma esas decisiones, aun cuando a veces no te percates de eso. Las demás personas podrían desencadenar el patrón, pero es tu propio patrón.

Los cambios vienen al crear un nuevo patrón y no de encontrar culpables. Debido a que fuiste tú quien creó el primer patrón, eres tú mismo quien puede crear uno nuevo, el cual te acercará más a la meta que te has planteado.

Puedes crear este nuevo patrón, cambiando lo que piensas, lo que sientes o lo que haces. Puedes decidir, "¿Cómo me gustaría sentirme?" (Recuerda el sentimiento es casi siempre una sola palabra, si dices "me siento como" "siento que" o "siento como si" ya no estás hablando de sentimientos, usa la Tabla de Sentimientos pg. 49 para ayudarte a identificar los sentimientos.) Escribe en el círculo SENTIR el nuevo sentimiento.

O podrías decidir, "¿Qué me gustaría hacer diferente?" Llena con eso el círculo HACER. También podrías decidir, "¿Qué me gustaría decirme a mí mismo?" Llena con eso el círculo PENSAR. Si necesitas ayuda utiliza los enunciados de la siguiente página.

Cuando estés llenando uno de los círculos, puedes ir hacia adelante o hacia atrás para llenar los otros dos círculos. Por ejemplo, digamos que decidiste sentirse seguro. Escribiste eso en el círculo SENTIR. Ahora pregúntate "¿Qué tendría que decirme a mí mismo para sentirme de esa manera?" Escribe lo que te dirías en el círculo PENSAR.

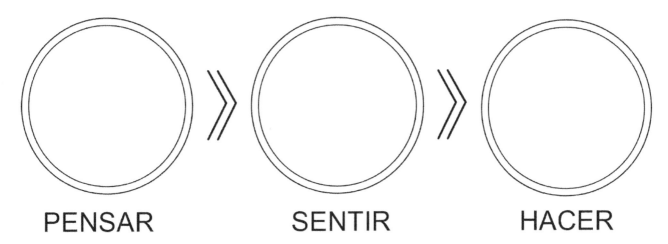

PENSAR   SENTIR   HACER

Ahora que sabes cómo te gustaría sentirte y lo que tendrías que decirte a ti mismo para sentirte de esa manera, puedes decidir lo que harías. Pregúntate "¿Qué es lo que yo haría si me sintiera de esa manera?" Esto se convierte en tu círculo HACER.

Pronto verás como tus pensamientos influyen en tus sentimientos y en lo que haces después. Puedes aprender más acerca de lo que es posible hacer en tu caso, si creas una nueva serie de decisiones acerca de lo que piensas, sientes y haces.

Afirmaciones / Nuevos pensamientos:

Soy único y especial y nunca habrá otro igual que yo, así que no hay necesidad de compararme o competir.

Valgo simplemente por existir.

Me amo y me apruebo.

Merezco ser feliz.

Soy 100% responsable de lo que me sucede.

Está bien cometer errores.

Puedo amar y no regañar a mi niño interior.

Confío en mí.

Ahora voy a hacer las cosas para ser feliz.

Me aman tal cual soy.

ME GUSTO TAL Y COMO SOY

TRABAJO REFLEXIVO SOBRE LA AUTOESTIMA

En esta actividad aprendí que:

Autoconocimiento

Soy una persona que piensa_____ siente_____ y hace_____

(Llena los espacios con el patrón que escribiste primero.)

Aceptación

Sin juzgarme, puedo recordarme a mí mismo, que soy capaz de cambiar cualquiera de los círculos y esto desencadenará un cambio en los otros círculos. Puedo decirme a mí mismo: "Está bien que piense, sienta o haga cualquiera de estas cosas. Solo es lo que me está pasando por ahora".

Acción

Con el coraje que se necesita para ponerse manos a la obra en el mundo real; yo soy capaz de cambiar…

mi sentimiento a: _____

o mi pensamiento a: _____

o mi acción a:_____

CAPÍTULO 12

PLANTEANDO METAS

Cuando tomas tus propias decisiones acerca de cómo quieres usar tu tiempo, cuando te planteas tus propias metas, cuando eliges por ti mismo, te sientes más alentado. Tomar tus propias decisiones quiere decir ser pro-activo. En esta actividad puedes aprender a ser más activo en tomar tus propias decisiones antes que reaccionar ante las decisiones de otros o ante lo que está pasando a tu alrededor.

Estos son algunos pasos que te ayudarán a pensar en tus metas.

Actividad:

1. Invierte un poco de tiempo pensando en cómo es tu vida actualmente. Podría ayudar el ver cómo ocupas tu tiempo, al hacer un gráfico del uso de tu tiempo. Llena el círculo con porcentajes aproximados del tiempo que ocupas actualmente en las actividades de un día normal. (Tal vez la siguiente lista te ayude a pensar en las diferentes áreas de tu vida).

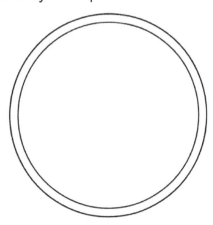

List: trabajo, hijos, diversión en pareja, diversión en familia, vacaciones, ejercicio, salud, administración del hogar, amigos fuera de la familia, parientes, crecimiento espiritual, tiempo personal.

2.¿Cómo te gustaría que fuera tu vida en de cinco años a partir de ahora? (Pensar en la edad que tendrías tú y tus hijos ayudará a tener una imagen más clara de lo que significan cinco años a partir de ahora). Lista cinco cosas que te gustaría ver en tu vida.

1._____
2._____
3._____
4._____
5._____

ESTAS SON TUS METAS A LARGO PLAZO.

3. Ahora pregúntate cómo te gustaría pasar la vida si sólo tuvieses un mes de vida. Lista tres cosas que harías.
1._____
2._____
3._____

ESTAS SON TUS METAS A CORTO PLAZO.

4. Observa las listas #2 y #3. ¿Qué salta a la vista? ¿Estás haciendo algo en el presente para alcanzar tus metas, sean de corto o de largo plazo? Escribe tres conclusiones a las que has llegado después de comparar estas dos listas.

Conclusión #1 _____
_____
_____

Conclusión #2 _____
_____
_____

Conclusión #3 _____
_____
_____

Si quieres hacer algunos cambios en tu vida para incluir más de tus metas, pero no estás seguro de cómo proceder, hay algunos pasos que puedes dar para encaminarte en la dirección hacia donde quieres dirigirte. Si alguna meta te parece difícil de alcanzar, a veces es útil desglosar el objetivo grande en pasos más pequeños para alcanzarla. Elige una de tus metas y piensa en ideas sobre qué podrías hacer para alcanzarla.

META:_____

_____

PASO #1:_____

_____

_____

PASO #2:_____

_____

_____

PASO #3:_____

_____

_____

AHORA DESGLOSA LOS PASOS aún más escogiendo uno de los pasos y desglosándolo en MINI-PASOS. ¿Cuáles son las tres primeras cosas que tendrías que hacer para cada uno de los pasos?

PASO:_____

_____

MINI PASO #1:_____

_____

MINI PASO #2:_____

_____

MINI PASO #3:_____

_____

Ahora puedes empezar por hacer uno de los MINI-PASOS para llegar a tu objetivo.

TRABAJO REFLEXIVO SOBRE LA AUTOESTIMA

En esta actividad aprendí que:

Autoconocimiento

Soy una persona que tiene como meta de largo plazo:

_____

_____

(Escribe alguna de las metas a largo plazo que te planteaste.)

Aceptación

Sin juzgarme, puedo decirme que está bien si mis metas y las cosas que realmente hago en el día a día coinciden, pero si no lo hacen también está bien. Simplemente es lo que está pasando en mi vida actualmente. ¿Puedo caer en cuenta si estoy siendo…
- ¿Reactivo?
- ¿Proactivo?
- ¿ O me resisto ante cualquier actividad que me suene a "meta" o "plan" o "itinerario"?

Acción

Con el coraje que se necesita para ponerse manos a la obra en el mundo real; puedo elegir uno de los mini-pasos de mi lista para empezar.
Este   mini-paso   es:

_____

CAPÍTULO 13

COMPRENDIENDO

Basado en material del libro Serenity de Jane Nelsen

A veces se puede aprender más acerca de un problema recurrente al aumentar el entendimiento del mismo. Cuando lo entiendes más, es más fácil soltar o dejar ir las cosas que no puedes controlar y usar tu fuerza y tus ideas para enfrentar las cosas que sí puedes controlar. A esto le llamamos aceptación.

Para avanzar hacia la aceptación necesitas darte cuenta de que hay muchas realidades diferentes. Cada ser humano piensa sus propios pensamientos y los pensamientos de cada persona son diferentes. Ninguna persona tiene mejores o peores pensamientos. Ninguno está en lo correcto o incorrecto. Simplemente son diferentes.

Veamos funciona   cómo esto.

Actividad:

1. Escribe cuál es ese problema recurrente en el que te gustaría trabajar.

_____
_____
_____
_____
_____
_____
_____
_____
_____
_____
_____

2. ¿Cuáles son tus pensamientos acerca de este problema?

_____
_____
_____
_____
_____
_____
_____
_____
_____
_____
_____

3. ¿Cuáles crees serán los pensamientos de otras personas acerca de este problema?

_____
_____
_____
_____
_____
_____
_____
_____
_____
_____
_____

Puede ser que no hayas caído en cuenta, o no hayas prestado mucha atención, pero probablemente tienes sentimientos muy fuertes sucediendo dentro tuyo cuando piensas en este problema.

4. Piensa en la última vez que tuviste este problema y adéntrate en ti para descubrir cómo te estabas sintiendo. Usa solo palabras de sentimientos, no frases como "Sentí que él." "Sentí como si." "Sentí a ellos." etc. (Puedes usar el Cuadro de Sentimientos como ayuda.)

Me sentí: _____

Los sentimientos son la mayor guía que tienes para saber qué está pasando. Recuerda que los sentimientos están dentro tuyo y te dan información muy valiosa sobre ti...no sobre los otros.

5. Si escuchas atentamente a tus sentimientos y los dejas ser tu guía, ¿A dónde te llevarán? ¿Qué es lo que harías?

_____
_____
_____
_____
_____
_____
_____
_____

La vida tiene ciclos. Nada dura para siempre. Lo que parece una cosa enorme hoy quizá mañana se olvide.

6. Si piensas en este problema como un ciclo, ¿Qué te dirías a tí mismo?

_____

ME GUSTO TAL Y COMO SOY

TRABAJO REFLEXIVO SOBRE LA AUTOESTIMA

En esta actividad aprendí que:

Autoconocimiento

Soy una persona que a veces se siente:

_____

_____

_____

Aceptación

Sin juzgarme, puedo decirme "Estos son mis sentimientos", es información acerca de mí mismo, no son ni buenos ni malos, no son correctos o incorrectos. También puedo recordar que cada persona tiene realidades diferentes."

Acción

Con el coraje que se necesita para ponerse manos a la obra en el mundo real; puedo elegir uno los siguientes: (Encierra el número del enunciado que escojas.)

1. Puedo preguntar a los demás lo que piensan en lugar de adivinar. **2.** Puedo darme el permiso de escuchar mis sentimientos y confiar en que me pueden guiar.

3. Puedo tener fe en el proceso de los ciclos de la vida.

CONOCERTE ES AMARTE

El coraje te viene del ser consciente

de quién tú eres

Viene de la aceptación

de quien tú eres

(RECUERDA, ¡ESTÁS BIEN TAL CUÁL ERES!)

Y viene de ponerse manos a la obra en el mundo real.

Con coraje, hay esfuerzo,

práctica, aprendizaje,

intento, acción y crecimiento.

Por lo tanto,

¡Sigue con ese buen trabajo!

¡Confía en ti!

¡Házlo!

Nota para los Consultores de Encouragement que han participado en el programa Encouragement Consultant de Lynn Lott

La palabra ENCOURAGEMENT, no es fácil de traducir al español. Existen varias palabras afines como aliento, ánimo, e incluso motivación. La palabra Encouragement en inglés, viene del francés antiguo y quiere decir "desde el corazón". Está formada por courage (del francés coeur = corazón) esa valentía y coraje interno. El Encouragement por tanto debe partir siempre de adentro, de lo más íntimo, del corazón. Por eso no hemos utilizado la palabra motivación, puesto que esta puede ser tanto interna como externa. Así "animar" que viene de ánima (alma) podría ser una buena opción. Aun así y siguiendo los principios que se utilizan en esta obra, hemos decidido usar la palabra aliento. Definido como impulso vital, es ese soplo de vida que a veces nos hace seguir adelante incluso en las peores circunstancias. Del mismo modo y unido al significado en inglés se ha usado la palabra coraje, en traducción a courage, que el diccionario de la Real Academia de la Lengua Española define como la "impetuosa decisión y esfuerzo del ánimo, valor".

Es así, que por respeto y para honrar el deseo de la creadora y desarrolladora del programa, se ha mantenido el título del programa en inglés, como en el original: "Encouragement Consultant". Las personas que participan de este curso de entrenamiento reciben el título de Consultores de Encouragement, como se hace referencia a lo largo de ambos libros utilizados en el programa.

Los libros utilizados en el programa Encouragement Consultant, son Conocerme es amarme y Terapia hazlo tú mismo.

Como Consultor de Encouragement, es posible que necesites copias de estos libros para tus talleres y participantes, para ello podrás comprarlos y pagar las regalías de impresión en la página web www.lynnlottec.com. Respetemos las leyes de derechos de autor.

Los errores son magníficas oportunidades de aprendizaje.

Somos conscientes que quizá encuentres algunos errores tipográficos, de gramática, de sintaxis u ortografía, así como de traducción a lo largo de estos textos. Si lo haces te pedimos que te comuniques directamente al correo fabiola.narvaez@voluntar.org señalando el error para que podamos repararlo y pronto tener la mejor versión en español de los libros del programa Encouragement Consultant de Lynn Lott.

Última revisión: diciembre 2018

4ª EDICIÓN REVISADA

UTILIZA ESTE LIBRO PARA APRENDER SOBRE CÓMO:

- Llegar a ser consciente de ti mismo de formas que nunca lo habías hecho.

- Tu niño interior puede tener la última palabra en tus relaciones como adulto.

- Esas primeras decisiones de la infancia pueden ser la causa de tus problemas recurrentes en tu vida diaria.

- Re-educar a tu niño interior.

- Practicar la auto aceptación y cómo dar pequeños pasos de acción para lograr el cambio.

- Aplicar la Psicología Adleriana y la Disciplina Positiva para aprender y crecer.

UTILIZA ESTE LIBRO JUNTO CON Do It Yourself Therapy (Terapia Hágalo Usted Mismo) de Lynn Lott y Barbara Mendenhall para convertirte en un Consultor de Aliento, tanto para ti mismo como para otras personas.

PARA PADRES, CONSEJEROS, ENTRENADORES, COACHES, MAESTROS, CONSULTORES DE ALIENTO Y- PARA TI.

Marilyn Matulich Kentz asistió a Family Education Center (Centro de Educación Familiar) en Petaluma, CA. Sus hijos, ahora ya mayores, fueron pequeños pícaros aguerridos en ese momento y sabía que necesitaba educación y apoyo. Fue allí donde conoció a su mentora, Lynn Lott, y fue entonces cuando empezó a conocer la Psicología Adleriana. Después de participar en clases semanales durante varios años y de experimentar lo bien que la práctica de la Disciplina Positiva funcionó en sus propios hijos, comenzó a estudiar la filosofía de Alfred Adler y Rudolph Dreikurs. Es coautora de dos libros junto con la Sra. Lott To Know Me is to Love Me (Conocerme es Amarme)–un libro basado en teorías adlerianas de construcción de autoestima; y Chores Without Wars, una guía para padres para involucrar a sus hijos en las tareas del hogar. Antes de que pudiera continuar con su educación, Hollywood la llamó. Con su atención en otra parte (Hollywood, la televisión y el escenario), no fue hasta el año 2000 que su experiencia en Educación Familiar se convirtió en su principal actividad. Desde entonces, la Sra. Kentz ha estado impartiendo clases de Disciplina Positiva y entrenando a muchos padres de manera privada.

Dru West es una Terapeuta Matrimonial y Familiar con licencia dentro de la práctica privada por más de 25 años, en Petaluma, California. Está casada y es madre de cuatro hijos. Aprendió los principios de la Psicología Adleriana cuando sus hijos eran aún pequeños a través del programa de formación de Lynn Lott en el Centro de Educación Familiar. Estos principios le ayudaron a formar la base sólida para la comprensión de sí mismo y de otras personas, que sigue utilizando en su trabajo profesional. Actualmente la Sra. West se encuentra activa con un grupo que está tratando de hacer cambios en la información sobre los métodos anticonceptivos hormonales y sobre seguridad que es dada a las mujeres por los profesionales de la salud y la FDA. West también es coautora de la primera edición de To Know Me is to Love Me (Conocerme es Amarme) de 1990.

Lynn Lott, MMFT, MA (Maestría en Terapia Familiar y Humanidades) es fundadora de Encouragement Consultant Trainings (Cursos de Formación para Consultores de Aliento) y cofundadora de Positive Discipline Association (Asociación de Disciplina Positiva) y fundadora y colaboradora de Disciplina Positiva. Lynn ha estado enseñando Psicología Adleriana y Disciplina Positiva desde 1968 y ha estado trabajando en la práctica privada la mayor parte de su carrera ayudando a padres, parejas y personas. Es autora de 20 libros, muchos de ellos en la serie de Disciplina Positiva. Sus cursos son muy populares en los Estados Unidos y en China, donde lleva a cabo entrenamientos una vez al año. En la actualidad sus DVD de formación se utilizan en 59 países.

Made in the USA
Las Vegas, NV
16 June 2021